MW01233768

Serena Capilli

LE AVVENTURE DI PAUL A ROMA

Short Stories in Simple Italian (A1-A2)

Scan the code to get your audiobook in slow Italian

1

Table of Contents

How to Unlock Your Italian Through Learning with Simple Stories

Immersion and Fluency: By immersing yourself in the story without interruptions, you create a more authentic language learning experience. This approach trains your brain to think in the target language and enhances your fluency as you become accustomed to the rhythm, structure, and vocabulary used in the story.

Building Confidence: Continuously starting and stopping to look up words will eventually overwhelm you, as you'll need to collect your thoughts again each time. By focusing on the overall understanding of the story, you build confidence in your language skills and develop the ability to grasp the main ideas even if you don't understand every single word.

Active Learning: After reading a chapter or listening to an audio track, it's important to take notes, review, and consolidate your understanding. Take notes, highlight key phrases, or summarize the main points to reinforce what you've learned. This active engagement helps cement your language knowledge and supports long-term retention. It's not important that you do it for every chapter though. You can just choose to use this approach for certain parts of the book or certain chapters.

Prioritize: Avoid overwhelming yourself by attempting to juggle too many tasks. Focus on one thing at a time. If you want to expand your vocabulary, prioritize reading over listening. If you want to hone your listening skills, prioritize listening to the audiobook while also reading the script simultaneously.

How to Efficiently Listen to the Short Stories

 You can purchase the downloadable version of this book, narrated by a professional voice artist in slow Italian, on Payhip. Here is the link: https://payhip.com/b/JytNh

One of the main reasons why I use and write short stories in easy Italian for my classes, is to enhance my students' listening comprehension skills in Italian. Listening to simplified Italian conversations or texts is a powerful way to naturally improve your Italian listening skills.

How can you efficiently do it?

Step 1: Listen to the recording of each chapter without any interruptions until the end. Avoid pausing the audio every time you encounter something you don't understand. Starting and stopping frequently can overwhelm you and hinder your learning experience.

Step 2: Listen to the chapter recording again, this time with the written content in front of you. By listening and reading simultaneously at a slower pace, you will, without a shadow of doubt, improve your listening and sentence-building skills in a matter of weeks.

Step 3: Only after completing 1 and 2, look up and take notes of the relevant vocabulary for your level in your personal notebook.

Recall Activities

At the end of every chapter, you will find a few retention exercises. Let me explain how to use them.

Liste di parole: On the dedicated page, you should create your own words and phrase lists for each story. I also encourage students to re-use the words they decide to prioritize in new original sentences. Remember, making the sentences your own will help new vocabulary stick in your mind.

Multiple-Choice Test: The multiple-choice questions will help you remember and retain what you have read and listened to in every chapter. The questions tend to focus on recurring mistakes or key vocabulary to learn.

Back translations: The translation exercises at the end of each chapter will help you better retain what you have learned through reading and listening. Translating from English or your native language into your target language is a powerful learning activity as it requires you to recall from your memory and activate what you have learned in the stories. If you are highly motivated, try completing the translation exercise in written form.

Answer Keys

The answer keys for the translation and preposition exercises can be found on my website at www.italianpills.com/storie

Taking notes: Make note-taking a learning habit. If some words or phrases resonate with you, and you think you might listen to them, use them, or simply want to retain them, note them down. The best approach is to buy a physical notebook and write down a number of new phrases for each chapter or reading session. Some people also use flashcards or any notes app. No matter what method you use, make sure to take notes and review them regularly to ensure that what you have learned isn't lost.

Learning Challenges

We strive to hold our students accountable and challenge them while reading our stories. If you would like us to partner with you during your reading journey, you can participate by securing your spot in one of our learning challenges or booking a conversation class to discuss the story with us. Visit our website at www.italianpills.com/storie for additional information.

Capitolo 1

UNA VITA (TROPPO) TRANQUILLA

Chi è Paul?

Paul è un giovane uomo come tanti altri. È nato in Inghilterra ed ha 32 anni. Paul è un bravo ragazzo. È anche piuttosto **attraente**: alto, occhi verdi, corporatura muscolosa. È gentile con i suoi colleghi ed è sempre **disponibile** ad aiutare i suoi amici. Inoltre, è un **ottimo** cuoco. Lavora in un **grattacielo** di Londra, nel **campo** del marketing e della comunicazione, per una grande **multinazionale** americana. Il suo lavoro è un po' noioso, ma i suoi colleghi sono dei gran **simpaticoni**; il suo capo – al contrario – è un vero **rompiscatole**. Ha studiato economia all'Università di Londra ed ha sempre vissuto in Inghilterra, eccetto per i sei mesi che ha passato all'università di Bologna, in Italia, quando aveva 24 anni. L'Università di Bologna è una delle più antiche università del mondo e la città di Bologna è una bellissima **città** storica e **universitaria**. Il suo semestre a Bologna è stato uno dei momenti più felici di tutta la sua vita.

Oggi, Paul abita nella **periferia** di Londra, in un piccolo appartamento, ma sogna di avere una casa più grande, magari con un giardino. È single, ha divorziato sei mesi fa. Sua moglie, Abigail, lo ha lasciato e **si è trasferita** in Australia per un'importante offerta di lavoro. Anche lui **vorrebbe** cambiare lavoro, e ogni tanto manda qualche curriculum **qui e là**.

Quali sono le qualità di Paul? È un uomo generoso ed altruista. **Siccome** è single, ha molto tempo libero nel fine settimana, e lo dedica agli altri; ad esempio, il sabato **fa volontariato** come insegnante di inglese in un centro per immigrati, nella periferia di Londra. Paul ama insegnare la sua lingua madre e, quando andava a scuola, lingua e letteratura inglese erano le sue **materie preferite.** Il sabato mattina non c'è molto traffico a Londra. Per questo motivo, Paul va al centro per immigrati in bicicletta.

La sua vita è molto tranquilla, a volte anche **noiosa.** Però, tutto cambia un sabato mattina, il giorno del suo trentaduesimo compleanno.

Enhance your listening skills by reading and listening to this chapter simultaneously in **slow Italian.** The audiobook is narrated by a professional vocal artist and is available for purchase by scanning the code or at this address at https://payhip.com/b/JytNh

Attraente, attractive

Disponibile, available

Ottimo, excellent

Grattacielo, skyscraper

Campo, field or sector

Multinazionale, corporate

Simpaticone, a funny person

Rompiscatole [*colloquial*], a pain in the neck, a nuisance

Città universitaria, college town

Periferia, suburbs or outskirts

Si è trasferita, she moved

infinitive → trasferirsi (to move [in the sense of *to relocate, to change one's place of residence*])

Vorrebbe, he/she would like [present conditional]

infinitive→ *volere*

Qui e là, here and there

Siccome, because/since

Fa volontariato, he/she volunteers

infinitive→ fare volontariato (to volunteer)

Materia preferita, favorite subject

Noioso, boring

Insights and Tips

Noioso vs. annoyed

Because they look the same, English speakers tend to mistake **noioso** for **annoyed/annoying**. This is incorrect. *Noioso* doesn't translate to **annoyed/annoying,** but to '*boring*'. Noioso and annoyed/annoying are false friends.

- **Noioso** means *boring* → Questo film è noioso!
- **Annoyed** translates to *seccato, infastidito* or *irritato* → Sono seccato!
- **Annoying** translates to *seccante* or *irritante* → Questo rumore è seccante!

Preferito vs. favorito

Another typical mistake English speakers make is to default to "favorito" when translating "favorite". This is incorrect. The appropriate translation of *favorite* is 'preferito'.

Examples:

→ Il mio film preferito (my favorite movie)
→ La mia città preferita (my favorite city)
→ Il mio gusto preferito (my favorite flavor)

Recall activities

Make your wordlist

Make your list of words. Choose a maximum of five words or phrases that you want to remember for each chapter of the story. Write original sentences using the selected vocabulary. If possible, have your teacher correct them. And remember my motto: *writing is like speaking in slow motion.*

Supply the correct answers

Answer keys: *www.italianpills.com/storie*

1. Paul vive _ _ _ periferia.
    a. in
    b. da
    c. tra

2. Paul ha molto tempo libero _ _ _ fine settimana.
    a. in
    b. a
    c. nel

3. Paul ha _ _ _ un semestre all'Università di Bologna.
    a. messo
    b. spento
    c. passato

4. Paul ha divorziato sei mesi _ _ _.
    a. tra
    b. in
    c. fa

5. La moglie di Paul ___ in Australia per lavoro.
   a. vive
   b. si è trasferita
   c. trasferisce

6. Paul ___ bene.
   a. cucino
   b. cucini
   c. cucina

7. Paul pensa che la sua vita è a volte ___.
   a. annoiata
   b. noiosa
   c. nuosa

8. Paul è un uomo ___.
   a. attraente
   b. attrattivo
   c. attratto

9. Bologna è una bella città ___.
   a. università
   b. universale
   c. universitaria

Translate in simple Italian the following text

Check out my translation on my website
www.italianpills.com/storie

Paul is a 32-year-old Englishman who is attractive and also an excellent cook. He works in marketing in a skyscraper in London and studied economics at the University of London. He likes his colleagues, but find his boss a nuisance. He also studied for a semester abroad in Italy many years ago. He is generous with his friends and volunteers as an English teacher for immigrants on weekends. Paul is now single. He divorced his ex-wife Abigail six months ago. She moved to Australia for work. Paul dreams of having a bigger house and changing jobs, but for now, he lives in a small apartment in the suburbs of London.

Comprehension Questions: Provide an answer aloud to practice your speaking skills.

1. Chi è Paul? Dove abita?
2. Che lavora fa? Gli piace il suo lavoro? E il suo capo? E i suoi colleghi?

3. Ha sempre vissuto in Inghilterra? Perché?
4. È sposato? Perché?
5. Cosa fa nel tempo libero, durante il fine settimana?
6. Qual era la sua materia preferita a scuola?

Capitolo 2

UN REGALO

«**Auguri** Paul!»

«Buon compleanno, maestro!»

Quest'anno **festeggio** il mio compleanno con i ragazzi del centro e gli altri volontari. Per la festa, ho preparato un tiramisù, il mio dolce preferito. Invece, alcuni ragazzi del centro hanno preparato alcuni piatti tipici dei loro paesi d'origine. "Che bella festa!" penso, contento. Questa festa mi ricorda quando ero uno studente a Bologna, molti anni fa. Ogni settimana c'era l'occasione di festeggiare e **ognuno** preparava una **ricetta** tradizionale.

«Paul, questo è il tuo regalo, da parte di tutti noi»

«Grazie mille. Ma cos'è?»

«Aprilo!»

Scarto il regalo, incuriosito.

«Ma questo è un biglietto aereo per l'Italia!»

«Ti piace?»

«Sei felice?»

«Sappiamo che l'Italia è sempre nel tuo cuore».

Sono al settimo cielo, ma ho paura di viaggiare senza i miei amici. Ne parlo con loro, e tutti mi dicono che il viaggio **è un'occasione da non perdere**. Ed **hanno ragione**. Magari questo viaggio è l'occasione che cerco per cambiare vita.

Dopo la festa, torno a casa in bicicletta. Mi metto al computer e faccio delle ricerche. 'Dove andare?' mi chiedo. Trieste? Milano? Catania? Napoli? Roma? Sono già stato a Roma, dieci anni fa. Conosco il centro storico e il Vaticano. Ho fatto qualche foto alla fontana di Trevi e a Piazza di Spagna, ma non conosco **affatto** bene la capitale italiana. Ho sempre voluto comprendere meglio questa città, c'è qualcosa di Roma che **mi affascina**.

Ho deciso: è arrivato il momento di tornare. Dieci minuti dopo ho prenotato **un volo di andata e ritorno** per Roma. 'Domani scrivo ad Adriano' penso. 'Vivevamo insieme quando studiavo a Bologna'. Adriano è di Roma, ma ha studiato a Bologna e adesso vive a Milano.

Auguri, *lit.* well wishes. It's also used with the meaning of "Happy Birthday"
Festeggio, I celebrate (*I'm celebrating*, in the text above)
> *infinitive* → festeggiare (to celebrate)

Ognuno, everyone
Ricetta, recipe
Scarto (il regalo), I unwrap the present
> *infinitive* → scartare (to unwrap a present or a package)

Sono al settimo cielo (idiomatic expression) , I'm on cloud nine (to be on top of the world or to be ecstatic)
Un'occasione da non perdere, an opportunity not to be missed
Hanno ragione, they're right
> *infinitive* → avere ragione (to be right)

Affatto, at all
Mi affascina, it fascinates me
> *infinitive* → affascinare (to fascinate, to interest deeply)

Un volo di andata e ritorno, round-trip flight

Insights and Tips

Expressions with *avere*

Paul thinks his friends "are right". Even though he is nervous, he cannot pass up the opportunity to fly to Italy. The expression "to be right" translates as "**avere ragione**" and not "essere ragione". There are several expressions in Italian that use the verb *avere* (to have), whereas in English, you would use the verb *be* (essere).

Common expressions with *avere*

- → Avere fame - to be hungry
- → Avere paura - to be afraid
- → Avere fretta - to be in hurry
- → Avere sonno - to be sleepy
- → Avere freddo - to be cold (when speaking of a person)
- → Avere caldo - to be hot (when speaking of a person)
- → Avere ragione - to be right
- → Avere torto - to be wrong

Recall activities

Make your wordlist

Make your list of words. Choose a maximum of five words or phrases that you want to remember for each chapter of the story. Write original sentences using the selected vocabulary. If possible, have your teacher correct them. And remember my motto: *writing is like speaking in slow motion.*

Supply the correct answers

Answer keys: www.italianpills.com/storie

1. Paul ___ un tiramisù.
    a. prepara
    b. prepari
    c. prepare

2. Paul ___ il suo compleanno.
    a. festeggi
    b. festeggia
    c. festegge

3. ___ bella festa!
    a. Quanta
    b. Cosa
    c. Che

4. Gli amici di Paul ___ ragione.
    a. sono
    b. è
    c. hanno

5. C'è qualcosa ___ Roma che mi affascina.

    a. tra

    b. di

    c. della

6. Paul ha ___ visitato Roma.

    a. ancora

    b. mai

    c. già

7. Paul ___ paura di viaggiare da solo.

    a. è

    b. ha

    c. sono

Translate in simple Italian the following text

Check out my translation on my website
www.italianpills.com/storie

Saturday is Paul's birthday. He celebrates it with the students and other volunteers at the center. He makes a tiramisu. Some of the students prepare typical dishes from their home countries. He receives a plane ticket to Italy as a birthday gift, but he's afraid of traveling alone. He talks to his friends about this fear, but then realizes that this trip is a good opportunity for him. When he returns home, he sits down at the computer and books his ticket to Rome to gain a better understanding of the city. Paul decides to write to Adriano, a guy from Rome he met when he was studying at the university in Bologna.

Comprehension Questions: Provide an answer aloud to practice your speaking skills.

1. Perché sabato è un giorno speciale per Paul?
2. Quale dolce prepara?

3. Cosa riceve in regalo dai suoi studenti?
4. Paul è contento di viaggiare da solo? Perché?
5. Quale città sceglie Paul? Perché?
6. Chi è Adriano?

Capitolo 3

CIAO ADRIANO

Ciao Adriano, tutto bene?

Come va la vita a Milano? Non fa troppo freddo, vero?

Il mese prossimo vado a Roma per una settimana, **da solo.**

Questo viaggio è stato un regalo di alcuni amici per il mio compleanno.

Ti ricordi quando siamo andati a Roma insieme 10 anni fa?

Abbiamo visitato il centro storico per tre giorni e devo essere onesto: ricordo poche cose.

Stavolta, con più tempo (e più anni), voglio **scoprire** la vera Roma. Devo chiederti:

- Dove **alloggiare** (in una zona con pochi turisti e **ben collegata**);
- Dove e cosa mangiare e cosa vedere fuori dal centro storico;

- Un parco dove posso andare a correre al mattino o leggere un libro per rilassarmi;

Grazie in anticipo per il tuo aiuto.
Paul

Ciao Paul,
Auguri! (anche se in ritardo). A Milano tutto bene, ma sì, ovviamente **mi mancano** il cibo e il sole di Roma! Sono contento che torni in Italia. In una settimana puoi fare e vedere molte cose e conoscere meglio la città. Ti scrivo domani con una lista di cose belle da fare nella **Città Eterna.**

A presto.
Adriano

Da solo, alone, on my own, by myself
Stavolta, this time
Scoprire, to discover
Alloggiare, to stay (in a hotel or vacation rental)
Ben collegato, well connected, conveniently located
Grazie in anticipo per il tuo aiuto, thank you in advance for your help
Mi mancano, I miss
Città Eterna, Eternal City, in other words, Rome

Insights and Tips

The verb *mancare*

Adriano says that he misses the food and climate of Rome, and he says "**mi mancano il cibo e il sole di Roma**". He doesn't say "*Manco* il cibo e il sole di Roma" Why? Because, the verb "**mancare**" has the same construction of the verb "piacere". That's why in Italian we can't say "manco" (which literally would mean something like, "I am lacking"). Instead we use the forms *mi manca* or *mi mancano*, which are the third personal singular and plural conjugations of the verb mancare + the appropriate indirect pronoun.

Use the verb *mancare* with the following pattern:

- Mi **manca** + singular noun, or verb (in the infinitive form)
- Mi **mancano** + plural noun

Examples:

→ **Mi manca** l'italia (I miss Italy)
→ **Ti manca** viaggiare? (Do you miss traveling?)
→ **Mi mancano** i miei amici (I miss my friends)

Recall activities

Make your wordlist

Make your list of words. Choose a maximum of five words or phrases that you want to remember for each chapter of the story. Write original sentences using the selected vocabulary. If possible, have your teacher correct them. And remember my motto: *writing is like speaking in slow motion.*

Supply the correct answers

Answer keys: _www.italianpills.com/storie_

1. Mi ___ Roma.
   a. manca
   b. mancano
   c. manchi

2. Il mese ___ Paul va a Roma.
   a. scorso
   b. prossimo
   c. fa

3. Paul scrive un'email ___ Adriano.
   a. di
   b. da
   c. a/ad

4. Ad Adriano manca il clima ___ Roma.
   a. da
   b. a
   c. di

5. Paul vuole ___ la vera Roma.
   a. fare
   b. scoprire
   c. scoprere

6. Paul chiede ad Adriano un consiglio su dove
   ___.
   a. alloggiare
   b. vivere
   c. viaggiare

7. Grazie in ___ per il tuo aiuto.
   a. prima
   b. avanti
   c. anticipo

Translate in simple Italian the following text

Check out my translation on my website
www.italianpills.com/storie

Paul writes to his friend Adriano, asking for advice on his next trip to Rome. He asks for recommendations on where to stay, what to eat, and what to see outside of the historical center. Adriano responds and promises to send a list of recommendations the day after. Even though Adriano is a Roman, he lives and works in Milan. When Paul asks him if he misses the city of Rome, Adriano answers, "I miss the climate and food there".

Comprehension Questions: Provide an answer aloud to practice your speaking skills.

1. Chi è Adriano? Dove si sono conosciuti Paul ed Adriano?
2. Perché Paul scrive un'email ad Adriano? Cosa scrive nell'email?
3. Cosa risponde Adriano?

Capitolo 4

ARRIVO ALL'AEROPORTO

Un mese dopo.

Sono finalmente arrivato a Roma. È una mattina di primavera e a Roma c'è un bel sole e una temperatura perfetta. Adesso devo **raggiungere** il mio bed and breakfast. Non so se prendere un taxi o il treno per arrivare in città, allora **mando un messaggio** ad Adriano per **chiedergli un consiglio.**

«Ciao Adriano, sono **appena** arrivato all'aeroporto di Fiumicino. È meglio prendere un taxi o un treno per raggiungere il centro?»

«Ciao Paul! **Ti consiglio di** prendere il treno: è facile e veloce. La stazione è dentro l'aeroporto»

«Grazie Adriano e **buona giornata**»

«Benvenuto in Italia»

Prima di prendere il treno, mi fermo in un bar e ordino un caffè.

«Un caffè, per favore» chiede Paul.

«Ha lo **scontrino**?» risponde il barista.

«Cosa? Può ripetere?»

«*Your receipt, please.*»

«No»

«Allora, vada prima in cassa a pagare, grazie»

Ho dimenticato che in Italia è normale pagare il caffè prima di ordinarlo, specialmente nei bar più **affollati**.

«Un caffè, per favore. Ecco lo scontrino»

Quando arrivo al mio bed and breakfast, mi sembra di **tornare indietro nel tempo**, a quando vivevo a Bologna. Lo stile italiano **mi è sempre piaciuto**.

Raggiungere, to reach, to arrive at

Mando un messaggio, I text

  infinitive → mandare un messaggio (to text)

Chiedergli un consiglio, to ask him for advice

  infinitive → chiedere un consiglio (to ask for advice)

Appena, just (in the sense of *just now, extremely recently*)

Ti consiglio di, I recommend that you

  infinitive → consigliare (to recommend, to suggest)

Buona giornata, have a good day

Scontrino, receipt

Affollato, busy or bustling (when it's used with meaning of *crowded*)

      root → folla (crowd)

Tornare indietro nel tempo, to go back in time

Mi è sempre piaciuto, I've always enjoyed (passato prossimo of the form *mi piace*)

Insights and Tips

How to use the adverb *appena*

Appena is an adverb which is often used in conjunction with the *passato prossimo* and means 'just' in the sense of *just now*.

Examples:

→ Ho **appena** fatto colazione (I **just** had breakfast)
→ Sono **appena** uscito di casa (I **just** left)
→ Il treno è **appena** partito (the train **just** left)

Exercise, translate the following sentences into Italian.

1. Paul has just arrived in Italy.
2. Paul has just visited Rome.
3. Paul has just had lunch.
4. Paul has just emailed Adriano.
5. Paul has just come back from Rome.

Answer keys: 1.*Paul è appena arrivato in Italia.* 2. *Paul ha appena visitato Roma.* 3. *Paolo ha appena pranzato.* 4. *Paul ha appena inviato un'e-mail ad Adriano.* 5. *Paolo è appena tornato da Roma.*

Buongiorno vs. Buona giornata

What's the difference between *buongiorno* (or *buonasera*) and *buona giornata* (or *buona serata*)?

- **Buongiorno** literally means "good day" and is used as a greeting when meeting someone for the first time during the daytime or when entering a place. It can be translated to "good morning", and it is used throughout the morning and until early afternoon. After that, people usually switch to **buonasera** to say good evening.
- **Buona giornata** and **buona serata** mean "have a good day" and are used to wish someone well as you are leaving. It is commonly used at the end of a conversation, and can be translated to "have a good day" or "goodbye" depending on the context.

Recall activities

Make your wordlist

Make your list of words. Choose a maximum of five words or phrases that you want to remember for each chapter of the story. Write original sentences using the selected vocabulary. If possible, have your teacher correct them. And remember my motto: *writing is like speaking in slow motion.*

Supply the correct answers

Answer keys: www.italianpills.com/storie

1. Paul arriva all' aeroporto di Roma in una mattina di ___.
   a. estate
   b. inverno
   c. primavera

2. Paul ___ un messaggio ad Adriano.
   a. mande
   b. manda
   c. chiede

3. Paul chiede un ___ ad Adriano su come raggiungere il centro di Roma.
   a. raccomandazione
   b. consigliare
   c. consiglio

4. La stazione dei treni è ___ l'aeroporto.
   a. vicino
   b. dentro
   c. lontano

5. Paul dimentica di fare lo ___ prima di ordinare il caffè.

   a. biglietto
   b. ricetta
   c. scontrino

Translate in simple Italian the following text

Check out my translation on my website
www.italianpills.com/storie

A month later, Paul arrives in Rome. It's a spring morning, and the weather is beautiful. He needs to get to his bed and breakfast and asks Adriano if it's better to take a taxi or a train. Adriano recommends taking the train, which is easy and fast and is inside the airport. Before taking it, Paul orders a coffee in a bar but forgets that in Italy you pay before ordering it.

Comprehension Questions: Provide an answer aloud to practice your speaking skills.

1. Perché Paul scrive ad Adriano, appena arrivato a Roma?
2. Quale trasporto usa per arrivare in centro?
3. Paul ha un piccolo problema al bar. Quale?

Capitolo 5

APERITIVO A PRATI

fetta - a slice

Sono a Roma da due giorni. Adriano mi ha consigliato un piccolo albergo nel **rione** di Testaccio. Testaccio è una zona di Roma che **si trova** vicino al fiume Tevere, il fiume che attraversa Roma. Lungo il fiume Tevere c'è una bellissima **pista ciclabile**. Quando si va in bici sulla pista, è possibile vedere tanti monumenti e tanto verde. Mentre pedalo lungo il Tevere, **mi sento** rilassato ed in pace. Ieri mattina, infatti, ho **noleggiato** una bici e sono arrivato fino a Città del Vaticano. Mi è piaciuto moltissimo. Tutto è fantastico qui, ma mi sento un po' solo. Scrivo **di nuovo** ad Adriano per chiedere consiglio.

«Ciao Adriano. Qui a Testaccio è bellissimo e sto molto bene. Ho bisogno di un altro consiglio: conosci un bar dove bere qualcosa e vedere un po' di gente?»

stuzzicadente – toothpick

secci – dried

«Ciao Paul. Certo. Vai a *Prati*. Lì ci sono **un sacco di locali** e bar interessanti»

«È lontano dal centro?»

«Ma no, è proprio accanto al Vaticano. Il mio bar preferito è "Il Pratino"»

Prendo la metro vicino al mio albergo e in trenta minuti arrivo a Prati. **Faccio un giro** per il **quartiere** e quando sono stanco cerco il locale di cui mi ha parlato Adriano.

«Buonasera, posso sedermi?»

«Ha prenotato, signore?»

«Veramente no...»

«Allora **attenda un attimo qui**, devo controllare se abbiamo ancora **disponibilità**»

«Va bene»

«Abbiamo un tavolo disponibile in terrazza, ma solo fino alle 20»

«Va bene, non c'è problema»

«**Si accomodi** e arriviamo subito»

La vista dalla terrazza è magnifica: posso vedere il ponte Sant'Angelo, che mi fa pensare al Tower Bridge, anche se sono molto diversi. Ma **non sento la mancanza** di Londra. Dopo un po' arriva il cameriere e prende l'ordinazione.

«Un Negroni, grazie»

«**Nient'altro?**»

«No, va bene così»

Dopo cinque minuti, il cameriere torna.

«Ecco il suo Negroni e qui abbiamo delle olive e **taralli**...»

«Scusi, ma io non ho ordinato niente da mangiare...»

«Questo è incluso nell'aperitivo, signore, in Italia funziona così!»

Ho dimenticato di nuovo: in Italia, molto spesso, l'aperitivo comprende anche alcuni **stuzzichini**, oltre alla bevanda alcolica.

Rione, old roman neighborhood
Si trova, (it) is located
> *infinitive* → trovarsi (to be located)

Pista ciclabile, bike path
Mi sento, I feel
> *infinitive* → sentirsi (to feel)

Noleggiato, rented
> *infinitive* → (to rent—used *only* for bikes, cars, boats, etc.; *not* apartments, houses, etc.)

Di nuovo, again
Un sacco di locali, a ton of bars and restaurants, a lot of places to go out
Faccio un giro, I take a walk or I go for a walk

infinitive → fare un giro (to go for a walk)

Quartiere, neighborhood

Attenda un attimo qui, wait here for a moment [formal imperative]

    infinitive → attendere (to wait)

Disponibilità, availability (*open tables* in the text above)

Si accomodi, have a seat [formal imperative]

    infinitive → accomodarsi (to have a seat, to make oneself comfortable)

Non sento la mancanza, I don't miss

Nient'altro?, anything else?

Taralli, small, crunchy, round snacks from Southern Italy (with a texture similar to a hard pretzel and a shape like a small bagel)

Stuzzichini, snacks

Insights and Tips

Mi sento vs. Sento

Paul says that "*he feels relaxed and peaceful in Rome*" (si sente rilassato e in pace). Two verbs which are often mistaken are **mi sento** and **sento**. They're not the same. **Mi sento** stems from the reflexive verb *sentirsi* and means 'I feel'; **sento** stems from the verb *sentire* and means 'I hear'.

The word *locale*

When the word 'locale' (plural 'locali') is used as a *noun*, rather than an adjective, it refers to 'bars, pubs, restaurants, or more generally, places to go out and eat', rather than simply meaning 'local'.

- Le tradizioni *locali* (*adj.*) sono molto interessanti (local traditions are very interesting)
- Quello è un *locale* (*noun*) dove si mangia bene (that is a place where you eat well)

Cultural Insights and Local Knowledge

Testaccio è uno degli antichi *rioni* di Roma. È un quartiere popolare dove si può assaporare la romanità più autentica. Tradizionalmente abitato dalla classe operaia, oggi è uno dei quartieri più desiderabili e alla moda per romani ed espatriati. Da visitare assolutamente è il mercato del Rione (Mercato Testaccio), uno dei più belli di tutta la città e le numerose trattorie e pasticcerie romane presenti nella zona.

Prati è un altro quartiere di Roma, non troppo distante da Città del Vaticano, è uno dei quartieri più chic della capitale. Ideale per fare shopping di giorno (ci sono dei bellissimi negozi) e per uscire la sera a mangiare o bere qualcosa.

Recall activities

Make your wordlist

Make your list of words. Choose a maximum of five words or phrases that you want to remember for each chapter of the story. Write original sentences using the selected vocabulary. If possible, have your teacher correct them. And remember my motto: *writing is like speaking in slow motion.*

Supply the correct answers

Answer keys: www.italianpills.com/storie

1. Il B&B di Paul ___ trova a Testaccio.
   a. è
   b. ha
   c. si

2. Paul è a Roma ___ due giorni.
   a. tra
   b. da
   c. di

3. Roma e Londra sono due città molto ___.
   a. diversa
   b. diversi
   c. diverse

4. Paul ___ una bicicletta.
   a. prende
   b. noleggia
   c. compra

5. Mentre va in bicicletta, vede ___ monumenti.
   a. molti
   b. molto
   c. pochi

6. Paul ___ un po' solo.
   a. ha
   b. sente
   c. si sente

7. Paul va a bere qualcosa in un ___ che si chiama "il Pratino".
   a. città
   b. locale
   c. ristorante

8. Paul ___ un negroni.
   a. ha
   b. mangia
   c. ordina

9. Paul non ha ___ un tavolo.
   a. prenotato
   b. preso
   c. andato

Translate in simple Italian the following text

Check out my translation on my website
www.italianpills.com/storie

Paul has been in Rome for two days and has received a recommendation from Adriano for a bed & breakfast in the *rione* of Testaccio. He has also rented a bike. He feels lonely and asks Adriano for a recommendation for a bar where he can have a drink and meet some people. Adriano suggests he go to the neighborhood of Prati, near the Vatican. In Prati, there's Adriano's favorite bar, *il Pratino*. Paul goes to *il Pratino*, finds a table on the terrace, and has a Negroni with some snacks.

Comprehension Questions: Provide an answer aloud to practice your speaking skills.

1.   In quale quartiere alloggia Paul? Dove si trova il quartiere?
2.   Perché noleggia una bicicletta?
3.   Perché scrive di nuovo ad Adriano?
4.   Perché va a Prati?
5.   Cosa ordina al "Pratino"?
6.   Cos'è un *aperitivo*, in Italia?

Capitolo 6

GELATO A TESTACCIO

Un altro giorno, un'altra avventura. Roma mi piace sempre di più. Ieri sera, a *Prati*, ho conosciuto alcuni ragazzi italiani e **abbiamo fatto una chiacchierata**, un po' in inglese e un po' in italiano. Sento che il mio accento **sta migliorando**, ma è ancora difficile capire il dialetto romanesco. Parlare la **lingua del posto** quando si viaggia è una sensazione bellissima.

"E oggi che faccio?" mi chiedo. "Voglio provare il miglior gelato di Roma. Scrivo di nuovo ad Adriano."

«Ciao Adriano, **mi consigli** una buona gelateria?»

«Certo. C'è una buona gelateria che fa il **gelato artigianale** proprio a *Testaccio*. È la mia preferita.»

La gelateria si trova vicino al mio albergo, così vado a piedi.

«Buonasera»

«Buonasera, mi dica»

«Un gelato»

«Cono o **coppetta**?»

«Una coppetta»

«Piccola, media o grande?»

«Una coppetta piccola»

«Quali gusti?»

«Stracciatella e gianduia»

«Vuole anche un po' di **panna**?»

«Sì, grazie»

«Sono € 2.50» Gianduia è il mio gusto preferito e questo gelato è veramente eccezionale. I consigli di Adriano sono veramente fenomenali. *Testaccio* è una zona molto interessante. Dopo il gelato, voglio visitare meglio il quartiere. Mentre cammino verso *Piazza Testaccio*, noto un uomo davanti a me che **attraversa** la strada correndo. Ha molti **fogli** in mano e all'improvviso **cade**; quando si rialza e corre via di fretta, i suoi fogli **rimangono** sulla strada.

«Signore, signore!» grido. «I suoi fogli!»

L'uomo ha molta fretta e non mi sente affatto. Anche altre persone lo chiamano, ma l'uomo è già andato via. I fogli rimangono in mezzo alla strada. Sono un po' curioso e li prendo. Sono dei **volantini**.

Sui volantini c'è scritto: *"We're looking for native English speakers to teach English. Call this number or email us with your CV and cover letter"*.

È un **annuncio di lavoro** in inglese. "Forse l'uomo non mi ha sentito perché non capisce l'italiano" penso. Questa scuola cerca insegnanti di **madrelingua inglese**, nella loro **sede** di *Monteverde*. Non so dov'è o cos'è *Monteverde*, quindi **cerco su Google** e **scopro** che *Monteverde* è un quartiere di Roma ricco di alberi, come dice il nome. **Per un attimo**, mi fermo a **fantasticare**. Immagino la mia vita a Roma, a fare l'insegnante d'inglese in un bellissimo quartiere. È come vivere un sogno ad occhi aperti, ma ho già un lavoro a Londra. '**Magari**' mi dico 'nella prossima vita'.

Così continuo la mia passeggiata a *Testaccio* fino all'ora di cena, dopo che Adriano mi ha detto che qui posso trovare delle ottime trattorie. **Ho voglia di** un bel piatto di *cacio e pepe*, e magari anche di un *supplì*, con della *cicoria ripassata* come **contorno**. **Mi sa che** sono proprio nel posto giusto.

Mi fermo in una trattoria che ha dei tavoli all'aperto e accanto a me c'è una famiglia italiana. La loro bambina mi saluta con la mano e io ricambio il suo gesto; anche i genitori mi sorridono. Finiamo per fare una chiacchierata e mi invitano al loro tavolo. Passo una serata molto piacevole con delle bellissime persone e insegno qualche parola in inglese alla loro bambina, che **si diverte** molto.

È una di quelle cose magiche che succedono a Roma.

Enhance your listening skills by reading and listening to this chapter simultaneously in **slow Italian.** The audiobook is narrated by a professional vocal artist and is available for purchase by scanning the code or at this address at https://payhip.com/b/JytNh

Abbiamo fatto una chiacchierata, we had a chat

infinitive → Fare una chiacchierata (to have a chat or to have a light conversation)

Sta migliorando, (it) is getting better

infinitive → migliorare (to get better, to improve)

Lingua del posto, local language

Mi consigli?, Can you recommend me?

    infinitive → consigliare (to recommend, to suggest)

Gelato artigianale, artisanal or handmade gelato

Cono, cone

Coppetta, cup (for serving ice cream)

Panna, whipped cream

Attraversa, he/she crosses

    infinitive → attraversare (to cross)

Fogli, sheets of paper

Cade, he falls

    infinitive → cadere (to fall)

Rimangono, they remain

    infinitive → rimanere (to remain)

Volantini, flyers

Annuncio di lavoro, job posting

Sede, headquarters

Madrelingua inglese, native English speakers

Cerco su Google, I do a Google search

    infinitive → cercare su google (to google something)

Scopro, I learn

    infinitive → scoprire (to discover, to find out, to learn)

Per un attimo, for a moment

Fantasticare, to fantasize, to daydream

Magari, maybe

Ho voglia di, I feel like

    infinitive → avere voglia di (to feel like)

Contorno, side dish

Mi sa che, I think that, I have the feeling that, it seems (to me) like

Mi fermo, I stop

    infinitive → fermarsi (to stop, to take a break)

Si diverte, he has fun, has a good time

    infinitive → divertirsi (to have a good time, to have fun)

Cultural Insights and Local Knowledge

Qual è la differenza tra *trattoria* e *ristorante*?

In Italia, *trattorie* e *ristoranti* sono entrambi posti dove puoi mangiare e bere, ma ci sono alcune differenze tra loro. Una *trattoria* è generalmente un luogo informale e rustico, dove la cucina è semplice e casalinga, a base di piatti tipici regionali o locali. Le porzioni sono spesso generose e il prezzo dei piatti è solitamente più economico che nei ristoranti. Un *ristorante* è generalmente un luogo più formale e sofisticato dove il cibo è più raffinato. I prezzi dei piatti sono generalmente più alti che nelle trattorie.

Le paste della tradizione romana

Se vieni a Roma, devi assolutamente provare questi piatti!

- **Pasta cacio e pepe:** pasta with pecorino cheese and pepper
- **Pasta all'amatriciana:** pasta with guanciale and tomato sauce

- **Pasta carbonara**: pasta with guanciale, egg and pecorino cheese
- **Pasta alla gricia**: pasta with guanciale and pecorino cheese

Altri cibi

- **Supplì**: fried rice ball
- **Cicoria ripassata**: wild bitter greens, usually served as a side dish
- **Carciofo alla romana**: steamed artichokes
- **Maritozzo**: bun filled with whipped cream (to have for breakfast, at a bar)

Dialetto romanesco

Come in tutte le regioni e città d' Italia, a Roma si parla un dialetto. Non vi preoccupate, tutti parlano anche italiano, ed il dialetto viene principalmente usato tra amici o in situazioni molto informali.

Recall activities

Make your wordlist

Make your list of words. Choose a maximum of five words or phrases that you want to remember for each chapter of the story. Write original sentences using the selected vocabulary. If possible, have your teacher correct them. And remember my motto: *writing is like speaking in slow motion.*

Supply the correct answers

Answer keys: www.italianpills.com/storie

1. Paul sente che il suo italiano sta ___.
a. avanzando
b. migliorando
c. improvando

2. Paul cerca una ___ gelateria.
a. buona
b. brava
c. bene

3. Adriano consiglia una gelateria ___.
a. locale
b. artigianale
c. buona

4. Paul prende una ___ con due ___.
a. cono / sapori
b. coppetta / gusti
c. coppetta / sapori

5. Paul trova per strada un annuncio di ____.

   a. lavoro

   b. lavori

   c. lavora

6. Cercano insegnanti di ____ inglese.

   a. madrelingua

   b. americano

   c. nativi

7. La scuola ____ lingue si trova nel quartiere di Monteverde.

   a. di

   b. delle

   c. a

8. La sera, Paul cena in una ____ tipica.

   a. ristorante

   b. trattoria

   c. locale

9. Paul vorrebbe mangiare una pasta ____.

   a. amatriciana

   b. cacio e pepe

   c. carbonara

Translate in simple Italian the following text

Check out my translation on my website
www.italianpills.com/storie

Paul is looking for the best gelato in Rome and asks Adriano for advice once again. He has his ice cream at a gelato shop in Testaccio and finds it exceptional. While exploring (he explores) the neighborhood, Paul comes across a job advertisement in English. An English school is searching for native English teachers in the Monteverde district (neighborhood) of Rome. He starts to imagine a life where he teaches English in Rome. Continuing his walk, he finds a typical Roman trattoria, where he has dinner, chats with an Italian family and teaches a few English words to their child.

Comprehension Questions: Provide an answer aloud to practice your speaking skills.

1. Paul scrive ad Adriano per chiedere un altro consiglio. Quale consiglio chiede?
2. Quali gusti di gelato ordina Paul?
3. Cosa fa Paul dopo aver provato il gelato?

4. Un uomo perde dei volantini in mezzo alla strada. Cosa c'è scritto sui volantini?
5. Perché Paul comincia a "fantasticare"?
6. Come passa la serata Paul?

Capitolo 7

ARIA DI CAMBIAMENTO

Stanotte non ho dormito molto bene. Forse ho mangiato troppo ieri sera? **Ho un pensiero fisso in mente**: l'offerta di lavoro alla scuola di inglese a *Monteverde*. Forse è un segno del destino.

Insomma, stanotte **non ho chiuso occhio** e ho pensato molto a cosa fare. **Anche se** la vita mi ha portato **altrove**, insegnare è sempre stato il mio sogno.

E poi sono già a Roma, perché non provarci? **Tentar non nuoce**, come dice un famoso proverbio italiano.

Metto il mio computer nello zaino, noleggio un **monopattino** e vado a *Ostiense*, un altro quartiere romano. **Obiettivo**? Trovare un caffè tranquillo dove scrivere il mio curriculum in italiano e inviare la mia **applicazione** alla scuola.

Due ore dopo...

Fatto. Ho mandato il mio curriculum alla scuola di inglese, adesso posso tornare in centro a **fare due passi.**

Più tardi...

Ho ricevuto una risposta via mail.
La scuola è molto interessata al mio profilo e mi ha invitato a fare un **colloquio** il giorno dopo. Ops. **Non mi aspettavo** una risposta così veloce. Senza pensare, rispondo subito:

Buongiorno,
*vi ringrazio per la risposta **celere** e per l'interessamento al mio profilo.*
In attesa di conoscervi di persona,

Cordiali saluti

Paul

Ho un pensiero fisso in testa, I keep thinking about something

idiom → avere un pensiero fisso in testa (to think constantly about the same thing, to have a thought stuck in your head)

Non ho chiuso occhio, I didn't get any sleep

idiom → non chiudere occhio (not manage to sleep)

Anche se, even if or even though

Altrove, somewhere else

Tentar non nuoce, it never hurts to try (Italian saying)

Monopattino, electrical scooter

Obiettivo, objective, purpose, goal

Applicazione, application

Fare due passi, to go for a short walk (idiom)

Colloquio, job interview

Non mi aspettavo, I didn't expect

infinitive → aspettarsi (to expect, to anticipate)

Celere, fast (formal)

Cordiali Saluti, best regards

Insights and Tips

Colloquio vs. Intervista

In English the word "interview" is used to indicate any kind of interview, including a job interview. In Italian, on the other hand, there is one word to indicate a job interview, which is *colloquio*, and another word, *intervista* to indicate other types of interviews , for example, an interview between a journalist and an interviewee.

Cordiali Saluti

Cordiali Saluti (or **Distinti Saluti**) is a common *formal* salutation used to close a letter or an email. It corresponds to the English "best regards" or "sincerely". The informal version is simply "**a presto**".

Cultural Insights and Local Knowledge

Insieme a Testaccio, Prati, Monteverde ed EUR, *Ostiense* è uno dei cinque quartieri romani di cui parlo in questo racconto. Ostiense è una zona situata a sud di Roma, ai margini del centro storico. In passato, era sede di molte fabbriche di Roma, il che le conferisce un aspetto industriale. Oggi è famosa per la sua architettura industriale, come il *Gazometro*, noto anche come il colosseo di ferro, e per monumenti come la *Basilica di San Paolo* (una delle quattro basiliche di Roma). Ostiense è anche conosciuta per i suoi numerosi bar, ristoranti, caffè e per la vivace street art.

Recall activities

Make your wordlist

Make your list of words. Choose a maximum of five words or phrases that you want to remember for each chapter of the story. Write original sentences using the selected vocabulary. If possible, have your teacher correct them. And remember my motto: *writing is like speaking in slow motion.*

Supply the correct answers

Answer keys: *www.italianpills.com/storie*

1. Paul mette il pc ___ zaino.
   a. nel
   b. nello
   c. in

2. Ieri sera, Paul non ha dormito ___.
   a. buono
   b. buona
   c. bene

3. Paul ___ il curriculum in italiano.
   a. scrivi
   b. scritto
   c. scrive

4. Cosa significa la frase "Paul ha un pensiero fisso nella mente"?
   a. Paul non riesce a pensare
   b. Paul pensa sempre alla stessa cosa

5. Cosa significa "fare due passi"?
   a. fare una breve passeggiata
   b. fare una lunga passeggiata

6. Lo stesso giorno, riceve una risposta dalla scuola e viene invitato per un fare ___.
   a. intervista
   b. incontro
   c. colloquio di lavoro

Translate in simple Italian the following text

Check out my translation on my website
www.italianpills.com/storie

Paul is thinking about the job offer to teach English in Monteverde. He has been thinking about it all night and decides to go to Ostiense (a Roman neighborhood) to write his curriculum in Italian and apply for the job. Two hours later, he sends his application. Paul receives a quick response inviting him for an interview the next day. He replies to the email, saying that he's happy to attend the interview.

Comprehension Questions: Provide an answer aloud to practice your speaking skills.

1. Perché Paul non ha dormito bene?
2. Perché va ad Ostiense?
3. Quale mezzo di trasporto usa?
4. Qual è la risposta della scuola?

Capitolo 8

STOP DAL DENTISTA

Al telefono con Adriano:
«Ciao Adriano, **scusa se ti disturbo** in continuazione»
«**Non ti preoccupare**. Cos'è successo?»
«Stamattina **mi sono rotto** un dente mentre assaggiavo del **torrone** al mercato e adesso ho bisogno di un dentista. È abbastanza urgente»
«Non è meglio andare dal dentista a Londra?»
«Sì, ma questa volta non posso. Nel pomeriggio ho un appuntamento importante e non posso andarci senza un dente»
«Capisco, questa è una situazione delicata»
«Conosci un bravo dentista a Roma?»
«Sì, certo, il mio. Ti mando il suo numero su Whatsapp»

«Grazie mille»
Al telefono con il dentista:
«Buongiorno, chiamo per un'urgenza»

«Mi dica»

«Ho un dente rotto e ho bisogno di **fissare un appuntamento** nel pomeriggio, se possibile»

«È la prima volta che viene da noi?»

«Sì, sono un turista inglese. Sono in vacanza a Roma in questi giorni»

«Può venire questo pomeriggio alle 16. Siamo all'E.U.R., in Viale Europa»

«Va bene, grazie»

«Come si chiama?»

«Paul»

«A dopo, signor Paul»

«A dopo»

Che sfortuna: rompersi un dente il giorno del colloquio. Forse anche questo è un segno del destino, ma **non mi importa**. Voglio fare questo colloquio **a ogni costo**, quindi ho trovato una soluzione. Alle 16 vado all'E.U.R. a sistemare il mio dente. Ho anche dovuto **rimandare** il mio colloquio a domani. Quando ho chiamato la scuola, mi hanno risposto: "Non c'è problema". Sono stati molto gentili, anche se non gli ho detto perché. Mi sembrava un po' imbarazzante. Quando sono sulla metro, ricevo una mail dal mio capo:

«Ciao Paul, quando torni da Roma? C'è un cliente molto difficile e abbiamo bisogno del tuo aiuto.»

Un altro cliente difficile, ma non voglio pensarci adesso.

Il dentista ha fatto un ottimo lavoro. In poco tempo **ha messo a posto** il mio dente. Sono all'E.U.R., un altro quartiere di Roma che non conosco. Faccio due passi anche qui. Vado a vedere il famoso *Colosseo Quadrato*: illuminato di sera deve **essere uno spettacolo**, ma anche di giorno ha il suo **fascino**. L'architettura romana **non smette mai di sorprendermi**.

Scusa se ti disturbo, sorry to bother you
        infinitive → disturbare (to bother)
Non ti preoccupare, don't worry (imperative)
        infinitive → preoccuparsi (to worry)
Mi sono rotto un dente, I broke a tooth (*to break* (reflexive))
Torrone, nougat
Fissare un appuntamento, make or schedule an appointment
Che sfortuna, What a shame (lit. *what a bad luck*)
Non mi importa, I don't care

A ogni costo, at all costs, no matter what

Rimandare, to postpone, to put off

Ha messo a posto, he/she fixed

　　　infinitive → mettere a posto (to fix, to put something back the way it's supposed to be)

Essere uno spettacolo, to be spectacular, fantastic (idiom)

Fascino, charm

Non smette mai sorprendermi - (it) never ceases to surprise me

Cultural Insights and Local Knowledge

Il quartiere EUR a Roma è una zona moderna con edifici grandiosi ed imponenti. Fu progettato e costruito durante l'era fascista come vetrina del potere e dell'architettura del regime. Oggi è un distretto commerciale e residenziale vivace con molti spazi verdi ed attrazioni culturali. Il monumento principale del quartiere è il "Palazzo della Civiltà Italiana", noto anche come Colosseo Quadrato.

Recall activities

Make your wordlist

Make your list of words. Choose a maximum of five words or phrases that you want to remember for each chapter of the story. Write original sentences using the selected vocabulary. If possible, have your teacher correct them. And remember my motto: *writing is like speaking in slow motion.*

Supply the correct answers

Answer keys: www.italianpills.com/storie

1. Al telefono con Adriano, Paul dice "Scusa se ti ___"
   a. chiamo
   b. disturbo
   c. disturbi

2. Paul deve andare ___ dentista.
   a. al
   b. a
   c. dal

3. Perché si è ___ un dente.
   a. romputo
   b. rotta
   c. rotto

4. Adriano dice che è meglio andare dal dentista ___ Londra.
   a. in
   b. di
   c. a

5. Paul ___ un appuntamento con il dentista.
   a. fa
   b. ha
   c. fissa

6. Paul non può fare il ___ con un dente rotto.
   a. intervista
   b. chiamata
   c. colloquio

7. Paul chiama la scuola per ___ il colloquio.
   a. rischedulare
   b. rimandare
   c. rifare

8. Cosa significa l'espressione "è uno spettacolo"?
   a. è divertente
   b. è bellissimo

Translate in simple Italian the following text

Check out my translation on my website
www.italianpills.com/storie

Paul breaks a tooth while trying some nougat at the market. He needs to find a dentist urgently but cannot go to London for treatment. His friend Adriano gives him the number of a good dentist in Rome. Paul calls the dentist and schedules an appointment for the afternoon. He has to postpone his job interview to the next day and is grateful that the school is understanding. The dentist fixes his tooth. After his dentist appointment, Paul goes for a walk in the E.U.R. neighborhood, where he visits the famous 'Colosseo Quadrato.' He also receives a message from his boss, but he does not want to think about work at the moment.

Comprehension Questions: Provide an answer aloud to practice your speaking skills.

1. Perché Paul ha dovuto rimandare il colloquio?
2. Qual è il consiglio di Adriano?

3. Come ha trovato un buon dentista a Roma?

4. Quando è il suo appuntamento?

5. Cos'è il Colosseo Quadrato? In quale quartiere di Roma si trova?

6. Paul riceve un messaggio. Da chi? Cosa dice?

Capitolo 9

COLLOQUIO A MONTEVERDE

È il grande giorno: il giorno del colloquio alla scuola di inglese a *Monteverde*.

Sono contento di fare questa nuova esperienza. **Inoltre**, grazie all'ottimo lavoro del dentista, mi sento anche **sicuro di me**.

Monteverde è una zona di Roma ricca di alberi e vegetazione, come indica il nome. Arrivo a *Monteverde* con il tram.

'Che bel quartiere! Ci sono alberi e piante **ovunque**', penso.

Questo quartiere mi fa sentire calmo. Viverci deve essere davvero bello.

Sento che il colloquio andrà benissimo. La scuola si trova vicino a *Villa Pamphilj*, uno dei parchi più grandi e belli di Roma.

«Buongiorno, sono Paul. Sono qui per il colloquio come insegnante d'inglese», dico.

«Ciao Paul. Il direttore ti aspetta nel suo ufficio. Va' pure», risponde il segretario.

Nell'ufficio del direttore, dico: «Buongiorno direttore, sono Paul. Piacere di conoscerla»
«Piacere mio», risponde Valerio, il direttore.
«Allora, parlami un po' di te. **Cosa ti porta qui**? Perché sei interessato alla nostra offerta?» chiede il direttore.

Inoltre, also, in addition
Sicuro di me, confident
Ovunque, everywhere
Cosa ti porta qui?, What brings you here?

Insights and Tips

How to say *confident*, in Italian

It's the day of his job interview in Monteverde, and Paul feels "**sicuro di sé**". This expression means "to be/feel confident". English speakers tend to default to the translation "confidente", which has a completely different meaning: *confidente*, in Italian, is a noun and means someone, like a friend, whom you open up to, perhaps sharing personal, intimate, or even secret information.

Cultural Insights and Local Knowledge

Il quartiere di *Monteverde* è un piacere da girare a piedi. Famoso per il suo bellissimo parco (Parco di Villa Doria Pamphilj), è una delle zone più verdi della città e una zona residenziale che si affaccia su Roma, non troppo distante dalla famosa e turistica zona di Trastevere.

Recall activities

Make your wordlist

Make your list of words. Choose a maximum of five words or phrases that you want to remember for each chapter of the story. Write original sentences using the selected vocabulary. If possible, have your teacher correct them. And remember my motto: *writing is like speaking in slow motion.*

Supply the correct answers

Answer keys: _www.italianpills.com/storie_

1. Il giorno del colloquio di lavoro e Paul si sente ___.
   a. sicuro di sé
   b. confidente
   c. nervoso

2. La scuola ___ fa il colloquio Paul si trova a Monteverde.
   a. che
   b. dove
   c. alla

3. Paul incontra Valerio, il ___.
   a. direttrice
   b. direttore
   c. segretario

4. Paul va a Monteverde ___ fare un colloquio.
   a. di
   b. in
   c. per

5. Il direttore aspetta ___ Paul.
   a. a
   b. per
   c. -

6. Nel quartiere ci sono piante e alberi ___.
   a. in tutto
   b. ovunque
   c. dopotutto

7. Il direttore aspetta Paul nel ___ ufficio.
   a. tuo
   b. loro
   c. suo

Translate in simple Italian the following text

Check out my translation on my website
www.italianpills.com/storie

Paul goes to the neighborhood of Monteverde for a job interview as a teacher of English. Thanks to his recent visit to the dentist, he feels confident. The neighborhood is very green and peaceful, and it's close to the large Villa Pamphili park. During the interview, the school director asks Paul to talk about himself and explain why he is interested in the job.

Comprehension questions: Provide an answer aloud to practice your speaking skills.

1. Perché Paul va a Monteverde?
2. Cosa pensa di questo quartiere?
3. Cosa gli chiede il direttore?

Capitolo 10

PASSEGGIATA AL PARCO

Il colloquio è durato mezz'ora, ma non so com'è andato. Dopo il colloquio, vado a fare una passeggiata al *Parco di Villa Pamphilj*, un bellissimo grande parco, non troppo lontano dalla scuola d'inglese. Mentre cammino, vedo una **pasticceria**. Non ho ancora fatto colazione oggi, così faccio una pausa per il caffè.

Adriano mi ha consigliato di provare il *maritozzo*.

«Buongiorno, un caffè e... avete un maritozzo?»

«Certo che sì. Grande o piccolo?»

«Piccolo»

«Ecco qui. Può pagare alla cassa, grazie»

Pago 3 euro e vado al parco con il mio maritozzo in un **sacchetto**.

Il **maritozzo** è un tipico dolce romano. Consiste in un panino dolce **farcito di panna**.

Mi siedo su una panchina sotto un albero, **all'ombra**. Un ottimo posto per gustare questa delizia. Sul prato, davanti a me, c'è un gruppo di ragazzi che suona musica rock. Sono molto **bravi**.

«Ragazzi, mi piace molto la vostra musica!»

«Non è la nostra musica, questa è una canzone dei Måneskin. Non li conosci?» «**Purtroppo** no, non sono di qui...»

«I Måneskin sono un gruppo romano molto famoso. A noi piacciono molto. **Ogni tanto**, veniamo qui al parco per provare e suoniamo delle loro cover»

«E tu come ti chiami? Di dove sei?» mi chiede una ragazza.

«Sono Paul e vengo da Londra»

«E perché sei qui?»

«Alcuni amici mi hanno regalato un biglietto aereo per l'Italia e ho deciso di venire a Roma. Torno a Londra **tra qualche giorno**, ma **nel frattempo** ho fatto un colloquio per un posto da insegnante qui a *Monteverde*. Non so ancora **se mi prenderanno**, e **se dovrei** lasciare la mia vita a Londra per ricominciare qui»

«Sei molto **coraggioso**, Paul. E se Roma **ti ha stregato**, lascia tutto e resta qui!» risponde un ragazzo.

«E non **ti annoi** da solo?» chiede ancora la ragazza.

«No, per niente... E poi, qui si è sempre in compagnia. Sono venuto in questo parco da solo e ora sto chiacchierando con un gruppo di ragazzi. Roma è una di quelle città in cui è impossibile sentirsi soli.»

«Cosa fai stasera?»

Pasticceria, pastry shop

Sacchetto, bag (for food)

Maritozzo, bun filled with whipped cream (a traditional Roman pastry)

Farcito di panna, stuffed, filled with whipped cream

Bravo, good (in the sense of "talented"

Bravo, good at

All'ombra, in the shade

Purtroppo, unfortunately

Ogni tanto, every now and then, occasionally

Tra qualche giorno, in a few days, in a couple of days

Nel frattempo, in the meantime

Se mi prenderanno, if they'll hire me (future simple)

Se dovrei, if I should

  infinitive → dovere (to have to, to need)

Coraggioso, brave

Ti ha stregato, (it) has enchanted you

    infinitive → stregare (to enchant)

Ti annoi, to get bored

    infinitive → annoiarsi (to be/get bored)

Insights and Tips

The preposition *tra*

Paul will leave "*tra* pochi giorni", in a few days. Note that in this sentence, the correct translation for "in" is *tra* and not *in* (which is a typical mistake English speakers make).

Tra has two meanings in Italian. The first one is '*between* or *amongst*', the second one is '**in + future time**'.

For example:

- → Tra due giorni (in two days)
- → Tra cinque anni (in five years)
- → Tra tre ore (in three hours)

Exercise, translate the following phrases into Italian:
1.in two minutes, 2. in three hours, 3. in half an hour, 4. in an hour, 5. in three days 6. in 10 days, 7. in two years, 8.in 6 months.

Answer keys: 1.*tra due minuti*, 2.*tra tre ore*, 3. *tra mezz'ora*, 4. *tra un'ora*, 5. *tra tre giorni*, 6. *tra 10 giorni*, 7. *tra due anni*, 8. *tra 6 mesi.*

Why is it right to say 'qualche giorno' and not 'qualche giorni'?

Qualche is an indefinite adjective in Italian that means 'some' or 'a few' and is always followed by a singular noun, regardless of the number of objects being referred to. For example:

→ Qualche libro (a few books)
→ Qualche amico (a few friends)
→ Qualche idea (a few ideas)

Recall activities

Make your wordlist

Make your list of words. Choose a maximum of five words or phrases that you want to remember for each chapter of the story. Write original sentences using the selected vocabulary. If possible, have your teacher correct them. And remember my motto: *writing is like speaking in slow motion.*

Supply the correct answers

Answer keys: www.italianpills.com/storie

1. Dopo il colloquio, Paul va _ _ _ fare una passeggiata
   a. per
   b. a
   c. da

2. Si ferma in una _ _ _ perché vuole assaggiare un maritozzo.
   a. panetteria
   b. trattoria
   c. pasticceria

3. Il maritozzo è un tipico _ _ _ romano che si mangia a colazione.
   a. pane
   b. dolce
   c. piatto

4. Al parco, incontra _ _ _ ragazzi.
   a. qualche
   b. alcuni
   c. alcune

5. ___ qualche giorno Paul deve tornare a Londra.

   a. in

   b. da

   c. tra

6. Paul ___ due chiacchiere con i ragazzi e scopre che sono dei musicisti.

   a. ha

   b. fa

   c. parla

7. I ragazzi suonano una ___ dei Måneskin.

   a. canzone

   b. cantante

   c. canto

8. Paul dice che Roma è una città dove è impossibile ___.

   a. essere noiosi

   b. noiarsi

   c. annoiarsi

9. I ragazzi dicono a Paul che dovrebbe ___ a Roma.
   a. trasferire
   b. muoversi
   c. trasferirsi

10. Cosa significa 'annoiarsi' in inglese?
    a. to get annoyed
    b. to be/get bored

Translate in simple Italian the following text

Check out my translation on my website
www.italianpills.com/storie

Paul had a job interview, but he doesn't know how it went. After the interview, he went for a walk in Villa Pamphilj and stopped at a pastry shop for a coffee and a maritozzo, a traditional Roman pastry. After that, he sat in the park and started talking to a local cover band playing Måneskin songs. The band members asked why he was in Rome. Paul explained that he was on vacation, but he had also applied for a job. They told him: 'If you like the city so much, you should move here!'

Comprehension Questions: Provide an answer aloud to practice your speaking skills.

1. Dopo il colloquio Paul va a Villa Doria Pamphilj. Cos'è?
2. Sulla strada si ferma in una pasticceria. Cosa assaggia?
3. Al parco incontra dei ragazzi. Di cosa parlano?
4. Perché Paul non si annoia mai a Roma?

Capitolo 11

CONCERTO AL CIRCO MASSIMO

Alla fine, ho pranzato con i ragazzi che ho incontrato al parco di Villa Pamphilj e mi hanno invitato ad un concerto rock quella stessa sera al *Circo Massimo*. È stata un'esperienza straordinaria.

Roma è una città completamente diversa da tutte le altre. Qui ti senti a casa ovunque e trovi sempre **compagnia**. Roma è una porta aperta sul destino: ogni volta che **giri l'angolo**, non sai mai cosa può **succedere**. Qui le cose succedono lentamente, tra un piatto di pasta ed un caffè. Roma ha un'atmosfera particolare che sono sicuro **mi mancherà.**

Sarò sempre **grato** ai ragazzi del centro per l'avventura che mi hanno regalato, ma ora è arrivato il momento di tornare a Londra. L'aereo parte **in orario** alle 15:30. Alle 18:00 arrivo all'aeroporto di Londra Heathrow. È stata una giornata difficile.

Sulla metro ho finalmente un po' di tempo per controllare le mie email.

Alla fine, eventually, finally
Compagnia, company
Giri l'angolo, you turn the corner
 infinitive → girare (to turn)
Succedere, to happen
Mi mancherà, I'll miss it (future simple)
 infinitive → mancare (to miss)
Sarò, I'll be
 infinitive → essere (to be)
Grato, thankful
In orario, on time, punctual

Cultural Insights and Local Knowledge

I *Måneskin* sono una rock band italiana di grande successo. Il gruppo si è formato a Roma nel 2015. Negli ultimi anni, sono diventati famosi anche a livello internazionale, soprattutto dopo aver vinto l'Eurovision Song Contest nel 2021 con la loro canzone "Zitti e buoni".

Il *Circo Massimo* è un vecchio stadio di Roma dove si svolgevano spettacoli nell' Antica Roma (un po' come il Colosseo). Oggi viene utilizzato principalmente nei mesi estivi per concerti e altri grandi eventi.

Recall activities

Make your wordlist

Make your list of words. Choose a maximum of five words or phrases that you want to remember for each chapter of the story. Write original sentences using the selected vocabulary. If possible, have your teacher correct them. And remember my motto: *writing is like speaking in slow motion.*

Supply the correct answers

Answer keys: www.italianpills.com/storie

1. Paul va ___ concerto dei Måneskin con i suoi nuovi amici.
   a. in
   b. a
   c. al

2. Paul torna a Londra ___ aereo.
   a. con
   b. a
   c. in

3. L'aereo per Londra parte ___.
   a. in ritardo
   b. in orario

4. Sulla metro Paul ___ le sue email.
   a. controllato
   b. controlla
   c. controlle

5. Paul pensa che la sua esperienza a Roma
   ___ bellissima.
   a. stato
   b. stata
   c. è stata

Translate in simple Italian the following text

Paul has lunch with the guys that he met at the park. They also invited him to a rock concert at the Circo Massimo later that evening. He thinks the Rome is a unique city where unexpected things can happen everywhere. Paul is thankful for his time in the city, but eventually has to return to London. Once in London, on the train back home, he checks his emails.

Comprehension Questions: Provide an answer aloud to practice your speaking skills.

1. Perché Paul va al Circo Massimo?
2. Cosa ne pensa della sua esperienza a Roma?
3. Il suo aereo per Londra parte in ritardo?
4. Cosa fa sulla metropolitana verso casa?

Capitolo 12

UN NUOVO INIZIO

Buongiorno Paul,
Sono Cesare, il segretario della scuola di inglese di Monteverde. Valerio, il direttore, è contento del tuo colloquio. **Ti piacerebbe svolgere un periodo di prova** *da noi? La tua passione per l'insegnamento, la tua buona* **conoscenza** *dell'italiano e l'amore per l'Italia sono tutte caratteristiche molto importanti per il nostro team. Vuoi cominciare il 1° del prossimo mese?*
Cordiali saluti,
Il segretario.

Non ci posso credere. Ho la possibilità di cambiare vita nelle mie mani. Trasferirmi a Roma, fare il lavoro dei miei sogni, cominciare una nuova avventura... è tutto quello che ho sempre desiderato.

Ma ho anche paura.

Una cosa è fare un viaggio da solo, un'altra è **ripartire da zero.** Chiudo gli occhi.

Mi ricordo dei profumi di Roma, della passeggiata lungo il Tevere, dei fiori di Monteverde, del gelato a Testaccio. Ripenso ai ragazzi incontrati al parco, al concerto al Circo Massimo, alla **sensazione** di non essere mai solo.

Adesso basta giocare con il destino: devo **prendere una decisione.**

Restare a Londra o tornare a Roma? Qui a Londra ho una casa, una famiglia, degli amici e un lavoro, anche se noioso. A Roma non ho niente di tutto ciò, devo ripartire da zero.

Ma non è proprio quello che volevo?

La mia vita a Londra è sicura, ma non felice. A Roma, invece...C'è poco da pensare.

Proprio come ha detto il ragazzo della band, Roma mi ha stregato. Non è facile lasciare i miei amici e il mio lavoro a Londra, ma so che tornare a Roma è quello che voglio.

È l'occasione che cercavo per cambiare vita. Ho deciso: torno a Roma, e stavolta per sempre. **Sta per** cominciare un'altra bellissima avventura.

Ti piacerebbe?, would you like to?

Svolgere un periodo di prova, to do a trial period

Conoscenza, knowledge

Non ci posso credere, I can't believe it

Ripartire da zero, to start over

Una sensazione, a feeling

Prendere una decisione, to make a decision

Ma non è proprio quello che volevo?, But isn't that exactly what I wanted

Sta per, (it) is about to

Insights and Tips

The periphrasis *stare per* + *infinitive*

The periphrasis 'stare per + infinitive' is used to indicate that something is about to happen or is on the verge of happening. It can be translated into English as 'to be about to' or 'to be on the verge of'.

The periphrasis is composed of the verb *stare* in its present tense conjugation and the preposition *per* followed by an infinitive verb. The infinitive verb is the action that is about to happen.

For example:

→ Sto per uscire (I am about to go out)
→ Stiamo per finire la cena (We are about to finish dinner)
→ L'aereo sta per decollare (The plane is about to take off)

Recall activities

Make your wordlist

Make your list of words. Choose a maximum of five words or phrases that you want to remember for each chapter of the story. Write original sentences using the selected vocabulary. If possible, have your teacher correct them. And remember my motto: *writing is like speaking in slow motion.*

Supply the correct answers

Answer keys: *www.italianpills.com/storie*

1. Paul riceve un'email ___ scuola di lingue per svolgere un periodo di prova a Roma.
    a. da
    b. di
    c. dalla

2. Paul è un buon candidato perché ___.
    a. vive a Roma
    b. conosce bene l'italiano
    c. parla bene inglese

3. Quando ___ l'email, Paul non crede ai suoi occhi.
    a. legge
    b. leggendo
    c. letto

4. Paul ___ paura di cambiare vita.
    a. è
    b. da
    c. ha

5. ___ fine, Paul decide di tornare a Roma.
   a. in
   b. al
   c. alla

Translate in simple Italian the following text

Check out my translation on my website
www.italianpills.com/storie

Paul received a job offer to work as an English teacher in Rome and is excited about the opportunity but also scared of starting over. The school's director wrote in the email that he was impressed with Paul's Italian skills and his passion for teaching English, as well as his love for Italy. Paul thinks about his time in Rome and compares it to his life in London, where he has a secure job but isn't happy. Eventually, he decides to move to Rome.

Comprehension questions: Provide an answer aloud to practice your speaking skills.

1. Quali caratteristiche di Paul lo rendono adatto a lavorare nella scuola di lingue?
2. Cosa ricorda Paul del periodo trascorso a Roma?
3. Perché Paul ha paura di ricominciare da capo a Roma?

4. Quale decisione prende alla fine Paul? E perché?
5. Cosa pensi della scelta di Paul? Cosa faresti al posto suo?

About the author, Serena Capilli

With a heart full of wanderlust, she has called eight countries home and embraced the beauty of learning over eight foreign languages. Now, as an online teacher, she pours her energy into empowering English speakers and adult learners to master Italian as a foreign language. From the eternally beautiful city of Rome, she is on a dedicated mission to achieve greatness as the world's best Italian language teacher.

Also by Serena Capilli

Easy Italian Readers

Due Amiche e un Album di Fotografie (A1) - Beginners

Incontri in Sicilia (A2) - Advanced beginners and lower-intermediate learners

7 Romance Short Stories for Italian Learners (A2-B2) - Intermediate learners

Grazie

*Thank you for reading all the way to the end of this book. If **Le Avventure di Paul a Roma** helped your Italian progress, I will be immensely grateful if you post a reader review on the book's product page. These reviews are an essential resource. Unhappily, it's sad but true that readers seldom bother to post their comments, good or bad! Feel free to make suggestions in the course of writing a review. I read them all.*

Grazie per aver letto fino alla fine di questo libro. Se **Le Avventure di Paul a Roma** ti ha aiutato a migliorare il tuo italiano, ti sarò immensamente grata se pubblichi una breve recensione su Amazon. Le recensioni sono una risorsa essenziale per il mio lavoro. Purtroppo, molti lettori raramente pubblicano commenti, buoni o cattivi! Sentiti libero di dare suggerimenti nel corso della stesura di una recensione. Le leggo tutte.

Roberto e un ragazzo Italiano, e nato
nel due milla tieci a Roma.
Lui ama: ~~due pare~~ correre, ~~scrivere~~, manjare,
~~scrivere~~ cucinare, cantare.

Di soto, prima di andare all'universita,
fa colazione ~~tempo~~ (cuando a tempo).
E mangia la pancetta, le vova, i biscotti,
e bel pane.
Cuando arriva a scuola, dice "Burgiorne
professoressa, come sta?".
La professoressa risponde, "~~come sta~~ sto bene, grazie!"

9 798353 065937